AF235582

Simon Gahr

Jeden Tag

Ein Gebetbuch für alle Tage der Passionszeit

Bibliografische Information der Deutschen Nationalbibliothek:
Die Deutsche Nationalbibliothek verzeichnet diese Publikation in der Deutschen Nationalbibliografie; detaillierte bibliografische Daten sind im Internet über http://dnb.dnb.de abrufbar.

Herstellung und Verlag: BoD – Books on Demand, Norderstedt

ISBN: 978-3-7526-5992-4

EINFÜHRUNG

Die Passionszeit ist zunächst keine „Fastenzeit". Die etwa 40 Tage vor Ostern sollen eine Vorbereitung sein auf den Schmerz des Karfreitags und auf die unbändige Freude des Ostersonntags.
Zur inneren Vorbereitung gehört für die katholische und orthodoxe Kirche die äußere Vorbereitung durch das Fasten. Die evangelischen Kirchen betonten dabei, dass das Fasten kein Werk sein kann, um Gott zu gefallen. Die Texte und Lieder der Passionssonntage sind dennoch geprägt auch von einer Vorbereitung über das „Geistliche" hinaus.

Dieses Büchlein möchte das gemeinsame Gebet in der Passionszeit in den Vordergrund stellen. Zweimal am Tag zu beten, das erscheint nicht viel. In der Praxis allerdings gewinnen nach dem Wecker oft das Handy oder die Aufgaben des Tages. Den Tag beschließt das Fernsehen oder die eigene Müdigkeit. Wie wäre es sich innerlich und äußerlich mit einem zweimaligen Beten vorzubereiten?

„Challenge" würde man das heute nennen. Aber bitte kein Leistungsdruck: Sollten Sie mal aussetzen, dann üben Sie bitte mit sich selbst Geduld. Auch das ist ein Sinn der Passionszeit: Geduld haben mit sich und Anderen.

Die Texte sind bewusst kurzgehalten, das Vaterunser und der Segen komplettieren die kleine Morgen- und Abendandacht. Es ist viel Platz für eigene Gedanken und das persönliche Gespräch mit Gott.
Die Texte orientieren sich an den Lesungen der Passionszeit.

Eine gute Vorbereitung Ihnen allen!

1 ASCHERMITTWOCH

Es wird ernster: Ein Weg beginnt

Am Morgen

Wie schnell die Stimmung kippt, Herr!
Wir erleben das heute ganz bewusst:
Gestern noch Freude und Party,
heute schon graue Normalität.

Hilf uns, dass wir ernster werden, tiefer werden.
Hilf uns, dass wir nach innen schauen auf uns.
Hilf uns, dass wir heute auf den Anderen schauen,
was dieser Nächste braucht von uns. Amen

Vater unser im Himmel …

Gott, gebe uns für den Tag seine Kraft und seinen Segen,
Gott, der Vater, der Sohn und der Heilige Geist. Amen

Am Abend

Wir geben in deine Hände, Herr,
die Stimmungen des heutigen Tages.

Was hat uns gefreut?
Was hat uns wütend gemacht? Was traurig?

Nimm von uns die Mühen und Sorgen des Tages,
gib Frieden in unsere Herzen. Amen

Vater unser im Himmel …

In dieser Nacht segne und behüte uns Gott,
der Vater, der Sohn und der Heilige Geist. Amen

2 DONNERSTAG

Jesus geht nach Jerusalem: Sein letzter Weg

Am Morgen

Unsere Wege beginnen bei dir, Gott.
In deiner Hand lagen wir bei unserer Geburt.
Du gabst uns Atem, du schenktest uns Leben.

Unser Weg heute beginnt mit dir.
Lass uns heute spüren, dass dieser Tag ein Geschenk ist.
Richte unseren Blick auf deine kleinen Geschenke,
auf liebevolle Blicke und gute Worte. Amen

Vater unser im Himmel …

Gott, gebe uns für den Tag seine Kraft und seinen Segen,
Gott, der Vater, der Sohn und der Heilige Geist. Amen

Am Abend

Unser Weg für heute liegt hinter uns, Herr.
Wir danken dir für die Geschenke, die du uns gemacht hast.

Wir legen in deine Hand, was nicht gut war an diesem Tag,
unseren Ärger und unsere Sorgen.

Lass uns heute Nacht spüren, dass wir in deinen Händen
geborgen sind. Amen

Vater unser im Himmel …

In dieser Nacht segne und behüte uns Gott,
der Vater, der Sohn und der Heilige Geist. Amen

3 FREITAG

Jesus geht für uns: Fehler eingestehen

Am Morgen

An diesem Tag, Gott, achten wir darauf,
dass wir Fehler eingestehen können.
Wir möchten nicht verstecken,
dass wir auch nur Menschen sind.

Wir möchten auch dem Anderen vergeben, wenn es nötig ist.
Führe unsere Schritte auf diesem Weg. Amen

Vater unser im Himmel …

Gott, gebe uns für den Tag seine Kraft und seinen Segen,
Gott, der Vater, der Sohn und der Heilige Geist. Amen

Am Abend

Fehlerlos sind wir nicht, Gott.
Das erwartest du auch nicht von uns.

Du kommst uns entgegen, so dürfen wir unsere Fehler
bekennen und abgeben, was heute nicht gelungen ist.

Wir danken dir, dass deine Liebe und Vergebung größer sind
als all unsere Schuld und Ungeduld.
Lass uns deine Nähe spüren in dieser Nacht, deine Wärme,
deine Begleitung. Amen

Vater unser im Himmel …

In dieser Nacht segne und behüte mich Gott,
der Vater, der Sohn und der Heilige Geist. Amen

4 SAMSTAG

Den Weg gehen: der Vater sieht das Verborgene

Am Morgen

Wir müssen nicht vor Menschen gut dastehen, Gott.
Aber in uns schreit alles nach Anerkennung.
Wir möchten gesehen werden und gelobt werden.

Lass uns heute versuchen, uns zurückzunehmen.
Wir wollen weniger von uns sprechen und mehr zuhören,
weniger erwarten,
sondern mehr Lob und Anerkennung geben. Amen

Vater unser im Himmel …

Gott, gebe uns für den Tag seine Kraft und seinen Segen,
Gott, der Vater, der Sohn und der Heilige Geist. Amen

Am Abend

Gott, du kennst das Verborgene: Unsere Wünsche, unseren
guten Willen, aber auch unser Versagen.

Du beurteilst uns nicht wie ein Kampfrichter, sondern du
liebst uns wie ein guter Vater. Du siehst unser Bemühen und
freust dich darüber. Du siehst unser Herz.

In diesem Vertrauen wollen wir den Tag zurückgeben, alles
Gute und Schlechte, dankbar und im Frieden. Amen

Vater unser im Himmel …

In dieser Nacht segne und behüte uns Gott,
der Vater, der Sohn und der Heilige Geist. Amen

5 SONNTAG - INVOCAVIT

Die Versuchung – es gibt sie

Am Morgen

Rüste uns heute aus, Gott, mit deinen Waffen,
gegen die Versuchungen dieses Tages.
Mit Wahrheit statt Lüge,
mit Gerechtigkeit statt Überheblichkeit.
Wir wollen uns wappnen davor,
Andere schlecht zu machen und selbst größer.
Wir wollen den Weg deines Friedens gehen. Amen

Vater unser im Himmel ...

Gott, gebe uns für den Tag seine Kraft und seinen Segen,
Gott, der Vater, der Sohn und der Heilige Geist. Amen

Am Abend

Viele Versuchungen liegen hinter uns, Gott.
Aus Faulheit oder Ungeduld tappen wir oft in die Fallen der
Versuchung.

Nimm diesen Tag mit all den Kämpfen, die wir täglich mit
uns selbst führen müssen
und verwandle in Segen, was wir getan haben.
Sei barmherzig mit dem, was wir falsch gemacht haben.
Schenke uns jetzt Kraft für den neuen Tag. Amen

Vater unser im Himmel ...

In dieser Nacht segne und behüte uns Gott,
der Vater, der Sohn und der Heilige Geist. Amen

6 MONTAG

Jesus vergibt selbst dem Verräter

Am Morgen

Du kennst die Menschen, Gott aus erster Hand.
Wir werden heute wieder vielen Menschen begegnen.
Manche haben wir schon in Schubladen gesteckt.

Lass uns ohne Vorurteile auf alle zugehen.
Gib uns einen neuen Blick auf unsere Mitmenschen, schenke
uns von deiner Geduld und Barmherzigkeit.

Vater unser im Himmel …

Gott, gebe uns für den Tag seine Kraft und seinen Segen,
Gott, der Vater, der Sohn und der Heilige Geist. Amen

Am Abend

Wir Menschen verletzen uns, manchmal bewusst, oft
unbewusst.
Wir wollen dir, Gott, unsere Verletzungen heute hinhalten:
Die komischen Blicke, die wehtuenden Ratschläge, die
falschen Freundlichkeiten.

Du kannst heilen, was uns schmerzt.
Du kannst die Wunden verbinden, die offen sind.
Schenke uns eine ruhige Nacht der Heilung. Amen

Vater unser im Himmel …

In dieser Nacht segne und behüte uns Gott,
der Vater, der Sohn und der Heilige Geist. Amen

7 DIENSTAG

Jesus kennt die Versuchung

Am Morgen

Das schnelle Geld, der mühelose Ruhm:
Versuchungen buhlen um unsere Aufmerksamkeit, Herr,

Du kennst das alles. Du lenkst unseren Blick auf das Größere:
Deinen Himmel, deine Gerechtigkeit, die Seligkeit.

Hilf uns heute, dieses Ziel vor Augen zu behalten, bei allen
Versuchungen, die die Welt zu bieten hat.

Vater unser im Himmel …

Gott, gebe uns für den Tag seine Kraft und seinen Segen,
Gott, der Vater, der Sohn und der Heilige Geist. Amen

Am Abend

Am Ende des Tages denken wir an die Menschen, die uns
wichtig sind.
Für sie leben wir und sie halten uns.

Wir denken nicht an das, was wir heute verpasst haben,
sondern an das, was du uns heute geschenkt hast.

Wir danken dir für deine Begleitung und befehlen dir
unseren Geist in deine Hände. Amen

Vater unser im Himmel …

In dieser Nacht segne und behüte uns Gott,
der Vater, der Sohn und der Heilige Geist. Amen

8 MITTWOCH

Gott ist unsere feste Burg

Am Morgen

Du bist unsere feste Burg, Gott.
Lass und heute immer wieder daran denken,
wenn wir aus dem Gleichgewicht geraten.

Es gibt etwas Festes in unserem Leben,
einen festen Griff, der Halt gibt,
auch wenn der Boden unter uns ins Wanken geraten sollte.

Lass uns diesen Halt heute immer wieder spüren. Amen

Vater unser im Himmel …

Gott, gebe uns für den Tag seine Kraft und seinen Segen,
Gott, der Vater, der Sohn und der Heilige Geist. Amen

Am Abend

Du bist der Gott, auf den wir hoffen.

Wenn uns etwas erschreckt hat an diesem Tag,
wenn uns das Finstere heute heimsuchte,
wenn wir aus dem Tritt geraten sind,
dürfen wir dennoch aus voller Brust bekennen:

Du bist unsere feste Burg, bei dir sind wir geborgen. Amen

Vater unser im Himmel …

In dieser Nacht segne und behüte uns Gott,
der Vater, der Sohn und der Heilige Geist. Amen

9 DONNERSTAG

In allen Situationen sind wir Dienerinnen und Diener Gottes

Am Morgen

Unsere Aufgabe ist es, dir zu dienen, Gott.
Wir sind dir wichtig genug,
dass wir durch unsere Worte und Taten dir dienen dürfen.

In diesem Selbstbewusstsein wollen wir den Tag beginnen,
mit Geduld und Liebe, mit Kreativität und Freundlichkeit.
Die Menschen sollen durch uns deine Liebe spüren. Amen

Vater unser im Himmel ...

Gott, gebe uns für den Tag seine Kraft und seinen Segen,
Gott, der Vater, der Sohn und der Heilige Geist. Amen

Am Abend

Es war heute nicht immer leicht, dir zu dienen, Gott.
Wir denken an die Menschen, denen wir begegnet sind und
die Entscheidungen, die wir getroffen haben.

Dir müssen wir keine Bilanzen vorlegen,
wir müssen dir nichts erarbeiten,
vor dir müssen wir nicht bestehen.

Du kennst uns und öffnest uns deine Arme.
Und du gibst uns morgen eine neue Chance. Amen

Vater unser im Himmel ...

In dieser Nacht segne und behüte uns Gott,
der Vater, der Sohn und der Heilige Geist. Amen

10 FREITAG

Mit Zuversicht vor Gott treten

Am Morgen

Was heute kommen mag,
wir wollen es annehmen aus deiner Hand.
Das Gute und Schlechte, das Besondere und Alltägliche,
das Neue und das Alte.

Wir wollen darauf vertrauen, dass unser Leben nicht sinnlos,
nicht ziellos ist.

In allem können wir dich finden. Amen

Vater unser im Himmel ...

Gott, gebe uns für den Tag seine Kraft und seinen Segen,
Gott, der Vater, der Sohn und der Heilige Geist. Amen

Am Abend

Wenn es dunkel wird und ruhig,
kommen wir zu dir, Gott.

Wir hören unseren Atem, wir spüren unseren Herzschlag.
Wir entspannen uns und dürfen gelöst zu dir kommen.

In diesem Moment hörst du uns und wir wollen offen
werden für dich. Amen

Vater unser im Himmel ...

In dieser Nacht segne und behüte uns Gott,
der Vater, der Sohn und der Heilige Geist. Amen

11 SAMSTAG

Hilfe zur rechten Zeit

Am Morgen

Dieser Tag, Gott, ist nicht versichert.
Was er bringen mag, es kann alles sein.

Du schenkst uns deine Hilfe nicht im Voraus,
damit wir uns nicht auf unsere eigene Stärke verlassen.

Du schickst uns deine Hilfe zur rechten Zeit,
genau dann, wenn sie wirklich nötig ist.
Darauf wollen wir heute vertrauen. Amen

Vater unser im Himmel …

Gott, gebe uns für den Tag seine Kraft und seinen Segen,
Gott, der Vater, der Sohn und der Heilige Geist. Amen

Am Abend

Wir danken dir, Gott, für deine Hilfe heute.

In Gedanken gehen wir den Tag entlang.

Wir suchen nach Spuren deiner Begleitung.
Wir suchen nach den kleinen Zeichen deiner Liebe und Hilfe.

In dieser Dankbarkeit sinken wir in den Schlaf. Amen

Vater unser im Himmel …

In dieser Nacht segne und behüte uns Gott,
der Vater, der Sohn und der Heilige Geist. Amen

Denke, Gott, an deine Barmherzigkeit!

Am Morgen

Wir brauchen dich nicht an deine Barmherzigkeit
zu erinnern, Gott.
Aber es tut uns gut, uns zu vergewissern.
Deine Geduld ist größer als jeder unserer Fehler.
Lass uns Geduld heute haben mit uns selbst,
lass uns achtsam sprechen und achtsam denken,
lass uns lernen uns selbst zu vergeben. Amen

Vater unser im Himmel …

Gott, gebe uns für den Tag seine Kraft und seinen Segen,
Gott, der Vater, der Sohn und der Heilige Geist. Amen

Am Abend

Am Abend ist unser Akku leer.
Oft schauen wir danach, was liegen geblieben ist.
Lass uns barmherzig annehmen, was wir geschafft haben
und was wir nicht geschafft haben.

Alle Fehler geben wir dir: Denke an deine Barmherzigkeit,
Gott und zeige sie uns in dieser Nacht.
Gib einen ruhigen Schlaf, der uns an Leib und Seele kräftigt,
um den neuen Tag aus deiner Hand zu empfange. Amen

Vater unser im Himmel …

In dieser Nacht segne und behüte uns Gott,
der Vater, der Sohn und der Heilige Geist. Amen

13 MONTAG

Wegweiser finden

Am Morgen

Wegweiser wollen uns nicht einschränken.
Sie wollen uns mögliche Wege aufzeigen.

Sei du unser Wegweiser, Herr,
warte auf uns, wenn wir falsch heute abbiegen.
Wenn wir vor einer Abzweigung stehen,
zeige uns den richtigen Weg. Amen

Vater unser im Himmel …

Gott, gebe uns für den Tag seine Kraft und seinen Segen,
Gott, der Vater, der Sohn und der Heilige Geist. Amen

Am Abend

Wir denken an die vielen Wege,
die wir heute gegangen sind.
Wir denken an die vielen Entscheidungen,
die wir treffen mussten.

Wir danken dir für deine Führung,
wir bitten dich für die Wege, die wir noch nicht zu Ende
gegangen sind,
wir gegeben dir unsere Umwege in die Hände. Amen

Vater unser im Himmel …

In dieser Nacht segne und behüte uns Gott,
der Vater, der Sohn und der Heilige Geist. Amen

14 DIENSTAG

Falsche Erwartungen

Am Morgen

Viele Menschen leiden unter falschen Erwartungen, die sie an
sich stellen oder an die Partnerin, den Partner.

Wir wollen heute auf Erwartungen verzichten,
versuchen offen zu sein für das, was kommt,
anzunehmen, was uns heute begegnet.

Wir wollen uns überraschen lassen von dir, Gott.
Wir wollen sehen, wohin du uns heute führst. Amen

Vater unser im Himmel …

Gott, gebe uns für den Tag seine Kraft und seinen Segen,
Gott, der Vater, der Sohn und der Heilige Geist. Amen

Am Abend

Was war heute überraschend?
Gab es etwas oder jemanden?

Wir wollen es dir, Gott, hinhalten.
Wohin es uns führt, wir können es noch nicht wissen.

Wir bitten dich darum,
dass du auf alles Neue deinen Segen legst. Amen

Vater unser im Himmel …

In dieser Nacht segne und behüte uns Gott,
der Vater, der Sohn und der Heilige Geist. Amen

15 MITTWOCH

Friede mit Gott

Am Morgen

Wir sind oft unzufrieden mit dir, Gott.

Wir verstehen deine Wege nicht,
sind nicht einverstanden mit dem,
was in der Welt passiert.

Wir wollen heute geduldig sein mit dir,
wir wollen unseren Frieden machen mit dir und
lernen dir zu vertrauen. Amen

Vater unser im Himmel …

Gott, gebe uns für den Tag seine Kraft und seinen Segen,
Gott, der Vater, der Sohn und der Heilige Geist. Amen

Am Abend

Wir geben dir, Gott, oft zu Unrecht
Schuld am Zustand der Welt.
Schuld ist doch oft der Mensch in seinem Streben
nach Macht und dem Immermehr.

Wir wollen unseren Frieden machen mit dir, Gott.
Gib uns in der Nacht Kraft, am morgigen Tag die Welt ein
kleines bisschen zu verbessern, zu deinem Lob. Amen

Vater unser im Himmel …

In dieser Nacht segne und behüte uns Gott,
der Vater, der Sohn und der Heilige Geist. Amen

16 DONNERSTAG

So sehr hat Gott die Welt geliebt, dass er seinen Sohn gab.

Am Morgen

Manchmal sind wir Feuer und Flamme für etwas.
Mit Leidenschaft setzen wir uns daran.

Schenke uns heute dieses Feuer im Alltag, Gott.
Lass uns unseren Tag mit Liebe angehen.

Durch uns sollen die Menschen froher werden,
getrösteter und hoffnungsvoller. Amen

Vater unser im Himmel …

Gott, gebe uns für den Tag seine Kraft und seinen Segen,
Gott, der Vater, der Sohn und der Heilige Geist. Amen

Am Abend

Dein Sohn, Gott, lebte unter uns aus Liebe.
Er kennt die Mühen und Sorgen unseres Tages.
Er weiß wie es ist, müde ins Bett zu fallen.

Auf Augenhöhe kam Christus aus Liebe in die Welt,
damit er uns erlösen kann durch Liebe aus dieser Welt.

Schenke uns deine Wärme heute Nacht.
Lass uns deine feurige Liebe zu uns spüren. Amen

Vater unser im Himmel …

In dieser Nacht segne und behüte uns Gott,
der Vater, der Sohn und der Heilige Geist. Amen

17 FREITAG

Bleibt hier und wachet bei mir!

Am Morgen

Ist die Nacht schon vorbei?
Oft spüren wir keine Erholung nach der Nacht.

Gib du uns heute die richtigen Worte,
die richtigen Entscheidungen, die richtigen Taten.

Wache du über uns, wenn wir selbst noch nicht wach sind,
und bleibe bei uns in jeder Stunde des Tages. Amen

Vater unser im Himmel …

Gott, gebe uns für den Tag seine Kraft und seinen Segen,
Gott, der Vater, der Sohn und der Heilige Geist. Amen

Am Abend

In jener Nacht hattest du, Christus, Angst vor dem Tod.
Du konntest nicht schlafen, fühltest dich allein.
Du kennst unsere Nächte.
Du kennst unser Wachen, kennst unsere Erschöpfung am
nächsten Morgen.

Aber genau deshalb dürfen wir dir alles abgeben,
denn du sorgst für uns. Amen

Vater unser im Himmel …

In dieser Nacht segne und behüte uns Gott,
der Vater, der Sohn und der Heilige Geist. Amen

18 SAMSTAG

Dein Wille geschehe!

Am Morgen

Wir können deinen Plan nicht erkennen, Gott,
manchmal im Nachhinein verstehen wir den Weg,
aber niemals zuvor.

Wir können nur bitten und hoffen,
am Ende muss aber das Wort stehen: Dein Wille geschehe!
Wirke heute bei mir und durch mich. Amen

Vater unser im Himmel …

Gott, gebe uns für den Tag seine Kraft und seinen Segen,
Gott, der Vater, der Sohn und der Heilige Geist. Amen

Am Abend

Wir hätten heute auf Einiges gerne verzichten können.
Da war ein Streit oder eine Schwäche,
da war Stress und Hektik.
Vieles lief nicht nach unserem Kopf.

Am Ende des Tages wollen wir dir alles geben mit dem Wort:
„Dein Wille geschehe!"
Denn nur du weißt, wie alles werden wird,
darauf wollen wir vertrauen. Amen

Vater unser im Himmel …

In dieser Nacht segne und behüte uns Gott,
der Vater, der Sohn und der Heilige Geist. Amen

19 SONNTAG - OCULI

Schau nicht zurück!

Am Morgen

Wir tragen Erinnerungen und Erfahrungen mit uns, Gott.

Manche belasten uns heute, manche helfen uns heute.
Lass und heute unvoreingenommen an unsere Aufgaben
gehen.

Befreie uns von den Sorgen der Vergangenheit und
richte unseren Blick auf das Jetzt und Heute. Amen

Vater unser im Himmel …

Gott, gebe uns für den Tag seine Kraft und seinen Segen,
Gott, der Vater, der Sohn und der Heilige Geist. Amen

Am Abend

Was ist heute wichtig geworden?
Waren das ganz andere Dinge, als am Morgen gedacht?

Gott schenke uns die Freiheit von einengenden Gedanken:
Die Sorgen und die Ängste, das Jammern und Klagen.

Entlarve sie als das, was sie sind: Nur Gedanken, nur eine
Möglichkeit, wie es weitergeht.
Beruhige unsere Gedanken mit deinem Frieden. Amen

Vater unser im Himmel …

In dieser Nacht segne und behüte uns Gott,
der Vater, der Sohn und der Heilige Geist. Amen

20 MONTAG

Das Wesentliche?

Am Morgen

Viele Aufgaben haben wir heute.
Lehre uns, Gott, auf das Wesentliche zu achten.

Zu oft verstellt das Dringende den Weg für das wirklich
wichtige im Leben.

Schärfe heute unseren Blick dafür. Amen

Vater unser im Himmel …

Gott, gebe uns für den Tag seine Kraft und seinen Segen,
Gott, der Vater, der Sohn und der Heilige Geist. Amen

Am Abend

Die Nacht ist eine Atempause.
Wir brauchen nur so wenig wirklich zum Leben.
Ruhig dürfen wir atmen und neue Kraft schöpfen.

Wir dürfen uns darauf besinnen, woher unsere Kraft kommt.
Du bist unser Atem, Gott.
Du bist unser Herzschlag.
Du bist unser Leben.

Lade uns wieder neu auf, Gott! Amen.

Vater unser im Himmel …

In dieser Nacht segne und behüte uns Gott,
der Vater, der Sohn und der Heilige Geist. Amen

21 DIENSTAG

Steh auf und iss!

Am Morgen

Manchmal quälen wir uns aus dem Bett, Gott.

Du sendest uns aus in die Welt.
Aber du stärkst uns auch mit deinem Brot des Lebens.

Wir danken dir für deine göttliche Energie!
Komm mit in unser Leben heute! Amen

Vater unser im Himmel …

Gott, gebe uns für den Tag seine Kraft und seinen Segen,
Gott, der Vater, der Sohn und der Heilige Geist. Amen

Am Abend

Der Tag hat viel Kraft gekostet.

Hilf uns loszulassen, Gott:
Die Verspannungen aus dem Alltag.
Die Hektik und den schnellen Puls.

Hilf uns den Tag abzuschließen, den du uns geschenkt hast.

Hilf uns abzulegen, was war,
damit wir morgen fröhlich aufstehen können. Amen.

Vater unser im Himmel …

In dieser Nacht segne und behüte uns Gott,
der Vater, der Sohn und der Heilige Geist. Amen

22 MITTWOCH

Der Herr ist denen nahe, die ein zerbrochenes Herz haben.

Am Morgen

An diesem Tag kann viel kaputt gehen, Gott.
Es gehört zum Leben dazu.

Beschütze heute mich und alle, die an mich denken.
Lass alle achtsam sein im Verkehr und auf ihren Wegen.

Sei allen nahe, die traurig oder unglücklich werden. Amen

Vater unser im Himmel …

Gott, gebe uns für den Tag seine Kraft und seinen Segen,
Gott, der Vater, der Sohn und der Heilige Geist. Amen

Am Abend

Gott, du gehst dorthin, wo es nicht perfekt ist:
In den Stall, in die Krippe, ans Kreuz.

Weil du unsere Schmerzen kennst, bist du im Schmerz da.
Wir denken an die zerbrochenen Beziehungen, an die
Menschen, die wir vermissen, an unsere Krankheiten und
unsere Schwächen.

Heile, was zerbrochen ist und tröste,
wenn etwas nicht mehr geheilt werden kann. Amen

Vater unser im Himmel …

In dieser Nacht segne und behüte uns Gott,
der Vater, der Sohn und der Heilige Geist. Amen

23 DONNERSTAG

Geiz ist keine Frucht des Lichts

Am Morgen

Wir sollen dich und deine Güte nachahmen, Christus.
Manchmal klappt es mehr, manchmal weniger.

Güte heißt: Austeilen ohne Furcht vor Mangel.

Lass uns heute nicht geizen mit Komplimenten und Lob,
lass uns nicht geizen mit Trinkgeld oder guten Worten. Amen

Vater unser im Himmel ...

Gott, gebe uns für den Tag seine Kraft und seinen Segen,
Gott, der Vater, der Sohn und der Heilige Geist. Amen

Am Abend

In der Finsternis der Nacht leuchtet das Licht besonders hell.
Wir sollen leuchten für dich Gott.
Deine Güte soll durch uns erscheinen in der Welt.

Wir danken dir, wo uns das heute gelungen ist,
wo wir die Welt erhellt haben.

Was wir dir schuldig geblieben sind,
lass uns nachholen.
Stärke uns in dieser Nacht dazu! Amen

Vater unser im Himmel ...

In dieser Nacht segne und behüte uns Gott,
der Vater, der Sohn und der Heilige Geist. Amen

24 FREITAG

Sich von Gott überreden lassen

Am Morgen

Manchmal nimmst du, Gott, nicht nur den kleinen Finger,
sondern die ganze Hand.

Wenn es heute so sein soll,
dann lass uns dein Werkzeug werden:
Schicke uns tröstende Worte und gute Gedanken.

Lass uns Zeit haben für die, die uns brauchen. Amen

Vater unser im Himmel …

Gott, gebe uns für den Tag seine Kraft und seinen Segen,
Gott, der Vater, der Sohn und der Heilige Geist. Amen

Am Abend

Habe ich heute Zeit genug gehabt für mich?
Zeit genug für Andere?

Gott, vergib uns, wenn wir Chancen nicht nutzten.
Schärfe unseren Sinn für den morgigen Tag.

Lass uns jetzt einen Moment ganz bei dir sein,
du hast Zeit für uns.
Du schaust uns liebevoll an und hast ein offenes Ohr. Amen.

Vater unser im Himmel …

In dieser Nacht segne und behüte uns Gott,
der Vater, der Sohn und der Heilige Geist. Amen

25 SAMSTAG

Das lebendige Wort

Am Morgen

Du bist lebendig Herr, du reißt uns mit,
auch wenn wir noch etwas müde sind.

Mache heute unseren Kopf frei für unsere Aufgaben,
lass uns immer wieder deine Lebendigkeit spüren. Amen

Vater unser im Himmel ...

Gott, gebe uns für den Tag seine Kraft und seinen Segen,
Gott, der Vater, der Sohn und der Heilige Geist. Amen

Am Abend

Todmüde kann nicht nur der Körper sein.
Todmüde kann auch der Geist sein, die Seele.
Todmüde kann auch der Glaube sein.

Ein starrer Glauben, ein theoretischer Glauben hat keine
Auswirkungen auf den Körper, den Geist und die Seele.

Schenke uns immer wieder dein lebendiges Wort, Herr.
Was uns bedrückt hat, wandle in Leben,
was uns zurückhält, wandle in Zukunft,
was uns beschwert, wandle in Hoffnung. Amen.

Vater unser im Himmel ...

In dieser Nacht segne und behüte uns Gott,
der Vater, der Sohn und der Heilige Geist. Amen

26 SONNTAG - LAETARE

Mitten im Leid: ein wenig Freude

Am Morgen

Leidloses Leben gibt es nicht.
Das Leid annehmen heißt das Leben an sich annehmen.

Wir wollen heute nicht fliehen vor dem Leid, Gott.
Wir wollen es nicht verdrängen.

Wir wollen es aber nicht ungefragt stehen lassen,
wir wollen immer wieder auf das Schöne blicken,
die kleinen Freuden sehen. Amen

Vater unser im Himmel …

Gott, gebe uns für den Tag seine Kraft und seinen Segen,
Gott, der Vater, der Sohn und der Heilige Geist. Amen

Am Abend

Heute hast du uns wieder Grund genug gegeben,
uns zu freuen, Gott.

In Gedanken gehen wir den Tag entlang.

Wir leben nicht im Schlaraffenland, wir sind noch nicht im
Himmel, aber du willst uns trotzdem Freude schenken.
Dafür danken wir dir und loben dich. Amen.

Vater unser im Himmel …

In dieser Nacht segne und behüte uns Gott,
der Vater, der Sohn und der Heilige Geist. Amen

27 MONTAG

Ohne Tod kein Leben, ohne Leben kein Tod.

Am Morgen

Gott, du erinnerst uns daran:
Alles, was wir lieben kann verloren gehen.
Diese einfache Wahrheit macht das Leben kostbar.

Lass uns heute ganz bewusst erleben, was wir lieben.
Lass uns heute ganz bewusst etwas tun, was wir lieben.
Lass uns heute ganz bewusst mit jemandem sprechen, den
wir lieben. Amen

Vater unser im Himmel …

Gott, gebe uns für den Tag seine Kraft und seinen Segen,
Gott, der Vater, der Sohn und der Heilige Geist. Amen

Am Abend

Unser Lebensanfang liegt in deinen Händen, Gott.
Unser Lebensende liegt ebenfalls in deinen Händen.

Lass uns gewiss werden,
dass wir bei dir die eigentliche Heimat finden,
dass wir bei dir eine feste Wohnung haben,
dass wir bei dir Freude ohne Ende haben.

Sei da am Ende des Tages und am Ende des Lebens. Amen.

Vater unser im Himmel …

In dieser Nacht segne und behüte uns Gott,
der Vater, der Sohn und der Heilige Geist. Amen

28 DIENSTAG

Reichlicher Trost in reichlichem Leid

Am Morgen

Leidloses Leben gibt es nicht.
Aber selbst in der tiefsten Tiefe spürten Menschen Trost.

Lass uns heute bewusst zu Menschen gehen,
die Trost brauchen.
Schenke uns tröstende Worte
und noch wichtiger offene Ohren.

Denn du bist der Gott allen Trostes. Amen

Vater unser im Himmel …

Gott, gebe uns für den Tag seine Kraft und seinen Segen,
Gott, der Vater, der Sohn und der Heilige Geist. Amen

Am Abend

Du bist keine Vertröstung, Gott.
Nicht irgendwann am Sankt-Nimmerleins-Tag kommst du.

Du bist uns täglich nahe.

Schenke uns jetzt deinen Trost,
dass wir getröstet und getrost einschlafen können
in deinen starken Armen. Amen.

Vater unser im Himmel …

In dieser Nacht segne und behüte uns Gott,
der Vater, der Sohn und der Heilige Geist. Amen

29 MITTWOCH

Sinnvolles Leiden

Am Morgen

Nicht jedes Leid ist sinnvoll,
aber auch nicht jedes Leid ist sinnlos.

Hilf uns zu erkennen, Gott, was du uns sagen willst im Leid.
Wenn Leid sinnlos ist, dann hilf uns es zu tragen oder
mitzutragen mit unseren Mitmenschen.

Mach uns gewiss, dass unser Leben einen Sinn hat bei dir.
Amen

Vater unser im Himmel …

Gott, gebe uns für den Tag seine Kraft und seinen Segen,
Gott, der Vater, der Sohn und der Heilige Geist. Amen

Am Abend

An das Leid im Fernsehen haben wir uns längst gewöhnt.
Wir haben ein dickes Fell bekommen.
Auch an eigenes Leid oder fremdes Leid haben wir uns
längst gewöhnt, aber ignorieren hilft nicht.

Heile uns, Gott, durch das dicke Fell hindurch.
Zeige uns unsere Verletzlichkeit und verbinde unsere
Wunden. Amen.

Vater unser im Himmel …

In dieser Nacht segne und behüte uns Gott,
der Vater, der Sohn und der Heilige Geist. Amen

30 DONNERSTAG

Brot des Lebens

Am Morgen

Bewusst essen und spüren, was dem Körper guttut.
Dem Geschmack nachschmecken.

Du, Herr, wirst Brot des Lebens genannt.
Wir wollen heute spüren, was uns satt macht,
was unserem Körper und Geist Kraft gibt. Amen

Vater unser im Himmel …

Gott, gebe uns für den Tag seine Kraft und seinen Segen,
Gott, der Vater, der Sohn und der Heilige Geist. Amen

Am Abend

Du, Brot des Lebens, willst, dass es uns gut geht.

Wir spüren nach, was uns heute Kraft gegeben hat.
Wir spüren den Geschmäckern der Mahlzeiten nach.

Wir danken dir, dass wir so gesegnet sind an guten und
gesunden Speisen.
Wir danken dir, dass wir genießen dürfen.

Du, Brot des Lebens, willst uns satt machen für die Ewigkeit.
Lass uns das jetzt spüren. Amen.

Vater unser im Himmel …

In dieser Nacht segne und behüte uns Gott,
der Vater, der Sohn und der Heilige Geist. Amen

31 FREITAG

Petrus leugnete aus Angst: Ich kenne ihn nicht!

Am Morgen

Gib uns heute den Mut, Gott,
dass wir unser Christsein nicht verstecken,
sondern dich bekennen.

Gib uns den Mut, von dir zu erzählen,
anderen deinen Segen zu wünschen,
ein kleines Zeichen zu senden. Amen

Vater unser im Himmel …

Gott, gebe uns für den Tag seine Kraft und seinen Segen,
Gott, der Vater, der Sohn und der Heilige Geist. Amen

Am Abend

Dich zu bekennen, Gott,
ist nicht leicht in dieser Welt.

Das war es noch nie und so ist es auch heute nicht.

Wir danken dir, dass wir unseren Glauben ausleben können
und wir denken an die verfolgten Christinnen und Christen,
die dennoch mutig ihren Glauben bekennen.

Segne sie und uns durch deine reiche Gnade. Amen.

Vater unser im Himmel …

In dieser Nacht segne und behüte uns Gott,
der Vater, der Sohn und der Heilige Geist. Amen

32 SAMSTAG

Das Weizenkorn wächst

Am Morgen

Der Anfang der Weizenähre ist klein und schwer, gefährdet
durch Tiere und durch schlechtes Wetter.

Lass uns heute voll Vertrauen, aussäen, Gott.
Lass uns kleine Dinge beginnen und darauf vertrauen, dass
sie wachsen und immer größer werden. Amen

Vater unser im Himmel …

Gott, gebe uns für den Tag seine Kraft und seinen Segen,
Gott, der Vater, der Sohn und der Heilige Geist. Amen

Am Abend

Du, Brot des Lebens:
Aller Anfang ist klein.
Vieles haben wir heute angefangen, ausgesät
und das meiste ist noch nicht fertig gewachsen.

Wir legen dir diese Anfänge in deine Hände.

Wir vertrauen darauf,
dass unsere Mühen nicht sinnlos waren.
Wir vertrauen auf deinen Beistand und deinen Segen. Amen.

Vater unser im Himmel …

In dieser Nacht segne und behüte uns Gott,
der Vater, der Sohn und der Heilige Geist. Amen

33 SONNTAG - IUDICA

Nicht auf sein Recht pochen

Am Morgen

Für einen Tag nicht auf mein Recht pochen müssen,
das gib mir, Gott für heute.
Heute einmal den Kürzeren ziehen,
sich etwas entgehen lassen,
einmal nicht vorne dabei sein.

Am Ende richtest du, Gott,
ich muss es nicht selbst tun. Amen

Vater unser im Himmel …

Gott, gebe uns für den Tag seine Kraft und seinen Segen,
Gott, der Vater, der Sohn und der Heilige Geist. Amen

Am Abend

Viele Menschen sehen das Leben als Rechnung
von Erfolg oder Misserfolg.

Lass uns das Leben anders ansehen,
lass uns den heutigen Tag sehen als Teil deiner Ewigkeit.
Nicht wir müssen unser Leben in den Händen halten,
sondern du trägst uns.

Lass uns dieses Gehaltensein jetzt spüren. Amen.

Vater unser im Himmel …

In dieser Nacht segne und behüte uns Gott,
der Vater, der Sohn und der Heilige Geist. Amen

34 MONTAG

Ein Opfer bringen

Am Morgen

Wenn wir Zeit oder Geld opfern für dich, Gott,
dann bekommen wir oft mehr zurück, als wir gegeben haben.

Zeige uns, was wir heute tun können,
zeige uns, was wir für Opfer bringen können für dich.

Lass uns nicht blind an den Chancen vorbeigehen. Amen

Vater unser im Himmel …

Gott, gebe uns für den Tag seine Kraft und seinen Segen,
Gott, der Vater, der Sohn und der Heilige Geist. Amen

Am Abend

Wir können unser Leben nicht verlängern, Gott.
Unsere Zeit steht in deinen Händen.
Wir können nur das Leben lebenswerter gestalten,
für uns und Andere.

Wir denken daran, was heute lebenswert
und liebenswert war.

Wir danken dir, dass du uns begleitet hast und uns die
Möglichkeit gegeben hast, das zu erleben. Amen

Vater unser im Himmel …

In dieser Nacht segne und behüte uns Gott,
der Vater, der Sohn und der Heilige Geist. Amen

35 DIENSTAG

Ohne Verdienst

Am Morgen

Den Himmel, Gott, können wir uns nicht verdienen.
Wir dürfen ihn uns schenken lassen von dir.

Wir dürfen uns am Leben freuen
und auf das ewige Leben warten.

Lenke heute unseren Blick auf alles,
was wir geschenkt bekommen;
auf alles, was das Leben so wertvoll macht. Amen

Vater unser im Himmel …

Gott, gebe uns für den Tag seine Kraft und seinen Segen,
Gott, der Vater, der Sohn und der Heilige Geist. Amen

Am Abend

Staunend können wir nur vor dir stehen, Gott.
Deine Liebe ist zu groß, um sie zu begreifen.
Dein Wirken ist zu komplex, um es zu verstehen.
Deine Güte geht zu weit, um sie nachzuvollziehen.

Staunend können wir dich nur loben,
alle Tage und Nächte unseres Lebens. Amen

Vater unser im Himmel …

In dieser Nacht segne und behüte uns Gott,
der Vater, der Sohn und der Heilige Geist. Amen

Der Erlöser: er lebt!

Am Morgen

Ostern soll kein Termin im Kalender sein, Gott.
Ostern soll uns aufrütteln und erschrecken,
die Luft soll uns wegbleiben und
wir müssen dastehen mit offenem Mund.

Der Erlöser lebt, das Unmögliche wird möglich.
Der Tod ist besiegt, das Lachen gewinnt.

Stärke uns, dass wir aber auch das Leiden und Sterben
Christi bedenken können! Amen

Vater unser im Himmel …

Gott, gebe uns für den Tag seine Kraft und seinen Segen,
Gott, der Vater, der Sohn und der Heilige Geist. Amen

Am Abend

Für jeden Tag, für jede Krise, für jede Trauer gilt:
Der Erlöser lebt!

Wir danken dir,
dass du uns nicht allein lässt in unserem Dunkel.
Bleibe nun bei uns, wenn es Abend werden will. Amen

Vater unser im Himmel …

In dieser Nacht segne und behüte uns Gott,
der Vater, der Sohn und der Heilige Geist. Amen

37 DONNERSTAG

Gottes geliebte Kinder

Am Morgen

Wir sind deine geliebten Kinder, Gott.

Nichts kann uns von deiner Liebe trennen,
auch wenn wir uns entfernen,
auch wenn wir mehr auf unsere Kraft vertrauen als auf deine,
auch wenn wir eigene Wege zu gehen versuchen.

Wir bleiben deine geliebten Kinder. Amen

Vater unser im Himmel …

Gott, gebe uns für den Tag seine Kraft und seinen Segen,
Gott, der Vater, der Sohn und der Heilige Geist. Amen

Am Abend

Die Taufe ist nicht nur ein Zeichen.
Es geschieht ein Wechsel: Du nimmst uns an.
Wir sind nicht mehr nur Kinder unserer Eltern,
nicht mehr nur Steuernummern und Konsumenten,
nicht mehr nur Arbeitskräfte und Kostenfaktoren.

Als deine geliebten Kinder dürfen wir bei dir Ruhe finden,
du nimmst uns bei der Hand und in den Arm. Amen

Vater unser im Himmel …

In dieser Nacht segne und behüte uns Gott,
der Vater, der Sohn und der Heilige Geist. Amen

38 FREITAG

Die eigentliche Heimat

Am Morgen

Wir können getrost in den Tag starten,
denn wir haben bereits eine Heimat,
die auf uns wartet, die du, Gott, vorbereitet hast.

Ein Ziel ist am Ende unseres Weges.
Es wird nichts umsonst sein an diesem Tag.
auch wenn es zunächst sinnlos scheinen mag.
Kein Schritt, kein Wort, kein Lächeln ist sinnlos,
alles führt uns weiter auf unserem Weg. Amen

Vater unser im Himmel …

Gott, gebe uns für den Tag seine Kraft und seinen Segen,
Gott, der Vater, der Sohn und der Heilige Geist. Amen

Am Abend

Für jeden Schritt danken wir dir,
aber auch für jedes Sitzen,
für jedes Lächeln danken wir dir,
aber auch für jede Träne.

Nichts war heute umsonst,
alles brachte uns ein Stück mehr dir entgegen. Amen

Vater unser im Himmel …

In dieser Nacht segne und behüte uns Gott,
der Vater, der Sohn und der Heilige Geist. Amen

39 SAMSTAG

Die Dornenkrone

Am Morgen

Manche Tage fühlen sich wie Dornen-Tage an.
Wir wollen weiter gehen,
aber das Leben verpasst uns kleine Wunden,
zu wenig um sie zu bemerken und doch sind sie da.

Hilf uns, auch diese Tage anzunehmen.
Wir können nicht die Verletzungen verhindern,
aber mit dir können sie schneller heilen. Amen

Vater unser im Himmel …

Gott, gebe uns für den Tag seine Kraft und seinen Segen,
Gott, der Vater, der Sohn und der Heilige Geist. Amen

Am Abend

Deine Dornenkrone sollte das Zeichen des Spottes sein.
Du hast sie zum Symbol des Sieges gemacht.

Kein Gold, keine Diamanten bringen uns dir nahe.
Es ist das Mitleiden, das Miterleben unserer Verletzungen,
unseres Spottes.
Über deine liebevolle Nähe können wir nur staunen,
du König, der zu uns kommt. Amen

Vater unser im Himmel …

In dieser Nacht segne und behüte uns Gott,
der Vater, der Sohn und der Heilige Geist. Amen

Ein stinkender Esel

Am Morgen

Wir wollen keinen König, der uns beherrscht,
keinen Heilsbringer, der uns das Blaue vom Himmel
verspricht.

Wir wollen den König auf Augenhöhe,
auf dem stinkenden Esel,
weil unser Leben manchmal auch stinkig ist.

Danke, dass wir uns bei dir nicht verstellen müssen. Amen

Vater unser im Himmel …

Gott, gebe uns für den Tag seine Kraft und seinen Segen,
Gott, der Vater, der Sohn und der Heilige Geist. Amen

Am Abend

Heute ist ein wenig Advent, Gott.
Denn wir hören von deiner Ankunft in Jerusalem,
wie die Tore weit gemacht wurden.
Lass uns jetzt offen werden für deine Passion,
für deinen Liebesbrief an uns.
Wie machen die Tür, das Tor ganz weit.
Komm du uns entgegen! Amen

Vater unser im Himmel …

In dieser Nacht segne und behüte uns Gott,
der Vater, der Sohn und der Heilige Geist. Amen

41 MONTAG

Stückweise erkennen

Am Morgen

Wir können niemals den vollen Durchblick haben, Gott.
Wir können nur Stücke deiner Herrlichkeit erkennen.
Wir können nur offen werden für die kleinen, leisen Zeichen,
die du an uns und unserer Welt tust.

Lass uns diese wertvollen Zeichen nicht übersehen.
Lehre uns genau hinzuschauen. Amen

Vater unser im Himmel …

Gott, gebe uns für den Tag seine Kraft und seinen Segen,
Gott, der Vater, der Sohn und der Heilige Geist. Amen

Am Abend

Wir gehen den Tag entlang
und suchen nach Zeichen deiner Gegenwart.

Wir finden goldene Momente
hinter allen schwarzen Momenten.

Wir danken dir, dass du dich nicht versteckt hältst.
Dass du uns immer wieder kleine Einblicke schenkst in deine
Gegenwart. Amen

Vater unser im Himmel …

In dieser Nacht segne und behüte uns Gott,
der Vater, der Sohn und der Heilige Geist. Amen

42 DIENSTAG

Ans Kreuz treten: Die Sünde Gott hinwerfen

Am Morgen

Wir belügen uns nicht selbst, Gott,
wir wissen um unsere Sünde.

Aber an deinem Kreuz haben wir einen Ort,
wir dürfen sie hinwerfen und du trägst sie.
Wie du das Kreuz ertragen hast.

Bei dir ist Vergebung, bei dir ist Heilung. Amen.

Vater unser im Himmel …

Gott, gebe uns für den Tag seine Kraft und seinen Segen,
Gott, der Vater, der Sohn und der Heilige Geist. Amen

Am Abend

Das, was uns beschwert,
wir dürfen es dir geben, Gott.
Wir dürfen unseren Rücken gerade machen,
was uns beugt und hinunterzieht,
bei dir findet es seinen richtigen Platz.

Wir geben dir alles ab und richten uns neu auf,
schauen aufrecht in die Zukunft. Amen

Vater unser im Himmel …

In dieser Nacht segne und behüte uns Gott,
der Vater, der Sohn und der Heilige Geist. Amen

43 MITTWOCH

Ans Kreuz treten: Nach oben schauen

Am Morgen

Du, der aus dem Himmel kam,
du, dem der Himmel gehört,
du machst dich klein

Stall, Krippe, Kreuz,
Aussätzige, Ehebrecher, Lügner,
wir dürfen uns einreihen.
Wir sind dir nicht zu niedrig,
ohne Angst und Scham dürfen wir
zu dir am Kreuz aufschauen. Amen

Vater unser im Himmel …

Gott, gebe uns für den Tag seine Kraft und seinen Segen,
Gott, der Vater, der Sohn und der Heilige Geist. Amen

Am Abend

Zieh uns raus, Gott,
aus dem Schlamm in dem wir versinken.
Zieh uns raus, Gott,
aus der Ohnmacht und Gleichgültigkeit.
Zieh uns raus, Gott,
wir schauen zu dir auf. Amen

Vater unser im Himmel …

In dieser Nacht segne und behüte uns Gott,
der Vater, der Sohn und der Heilige Geist. Amen

44 GRÜNDONNERSTAG

Mit Leib und Seele bist du da

Am Morgen

Herr, im Abendmahl dürfen wir dich berühren.
Leib und Seele, Nähe und Kraft finden wir in Brot und Wein.

Wir verstehen das Wunder nicht ganz,
doch danken wir dir für diese Gnade,
dass du uns auserwählt hast, dir nahe zu kommen. Amen

Vater unser im Himmel …

Gott, gebe uns für den Tag seine Kraft und seinen Segen,
Gott, der Vater, der Sohn und der Heilige Geist. Amen

Am Abend

Wie oft haben wir mit Freunden gegessen,
wie oft haben wir dabei Sorgen und Nöte angesprochen,
wie oft haben wir uns an Leib und Seele gestärkt?

Wir danken dir für diese kleinen Abendmahle.

Und wir danken dir für dein großes Abendmahl,
zu dem wir eingeladen werden.
In Brot und Wein bist du ganz da,
zu spüren und mitzunehmen in unsere Häuser. Amen

Vater unser im Himmel …

In dieser Nacht segne und behüte uns Gott,
der Vater, der Sohn und der Heilige Geist. Amen

45 KARFREITAG

Das Holz des Kreuzes

Am Morgen

Das Holz ist tot, vom lebenden Baum ist nichts mehr da.
Es vermodert nur noch.

Aber genau dort zeigt sich deine Liebe, Gott:
Im Kranken und Toten, im Kalten und Sterbenden.
Du meinst es ernst:
„Ich bin da für euch, bis zum Ende" Amen

Vater unser im Himmel …

Gott, gebe uns für den Tag seine Kraft und seinen Segen,
Gott, der Vater, der Sohn und der Heilige Geist. Amen

Am Abend

Herr, wir denken an alle Kreuze, die heute aufgestellt sind.
Die Kreuze der Flüchtlinge, die heute im Meer ertrinken,
die Kreuze der Frauen, die heute umgebracht werden,
die Kreuze der Kinder, die heute Schlimmes erleiden.

Dein Kreuz ist ein Schrei gegen alle Gewalt, die wir
Menschen uns ausdenken und an einander verüben.

Stärke uns gegen diese Kreuze zu kämpfen und unsere
Stimme zu erheben. Amen

Vater unser im Himmel …

In dieser Nacht segne und behüte uns Gott,
der Vater, der Sohn und der Heilige Geist. Amen

46 KARSAMSTAG

Das Grab ist echt

Am Morgen

Wir kennen es, dieses Gefühl bei der Beerdigung:
Die Endgültigkeit, die so schmerzt.
Du tust nicht nur so, als ob.
Du hast keinen doppelten Boden,
kein Ass im Ärmel versteckt.

Es ist wahr: Dein Sohn ist tot.
Stärke uns und stütze uns in unserer Trauer. Amen

Vater unser im Himmel …

Gott, gebe uns für den Tag seine Kraft und seinen Segen,
Gott, der Vater, der Sohn und der Heilige Geist. Amen

Am Abend

Nur im Tod deines Sohnes steckt die Hoffnung.
Nur durch den Tod kann der Tod besiegt werden.

Diese Wahrheit schmerzt, wir müssen sie aushalten.
Auch wir werden den Tod erleben,
aber wir werden im Tod nicht allein sein,
dein Sohn ist dabei.

Das ist die große Erlösung des Grabes. Amen

Vater unser im Himmel …

In dieser Nacht segne und behüte uns Gott,
der Vater, der Sohn und der Heilige Geist. Amen

47 OSTERSONNTAG

Der Stein kommt ins Rollen

Am Morgen

Gott, mit dem Stein am Grab dürfen alle Steine
auf unserem Herzen wegrollen.

Jetzt gibt es kein Halten mehr.
Das Grab ist leer, unnütz geworden, lachhaft geworden.

Wir dürfen aus vollem Herzen lachen,
abschütteln, was uns traurig und zweifelnd werden ließ.
Es ist wahr: der Tod ist nicht das Letzte.
Er ist besiegt. Amen

Vater unser im Himmel …

Gott, gebe uns für den Tag seine Kraft und seinen Segen,
Gott, der Vater, der Sohn und der Heilige Geist. Amen

Am Abend

Gott, keine Nacht ist zu finster bei dir.
Keine Sackgasse ist aussichtslos bei dir.

In dieser Hoffnung dürfen wir nun unsere Seele
und unseren Körper dir anvertrauen in dieser Nacht.
Du fängst uns auf, wenn wir fallen.
Du bist da, jetzt und in Ewigkeit. Amen

Vater unser im Himmel …

In dieser Nacht segne und behüte uns Gott,
der Vater, der Sohn und der Heilige Geist. Amen